Périple d'un praticien d'Hypnose contre son cancer

Christophe Pank

« Tout a un sens, Il suffit de trouver le bon. »

Du même Auteur Chez HnO Edition

27/ Pouvoir Limité (Mai-2016)
28/ Hypnose Spirituelle (Août-2016)
29/ Hypnose Invisible (Oct-2016)
30/ Hypnose et Anneau gastrique hypnotique (Janv-2017)

Table des matières

Introduction

Quand nous prononçons le mot cancer, il y a une **peur** particulière qui s'inscrit sur le visage de nos interlocuteurs.

En effet, cette maladie semble **ancrée** dans un inconscient collectif.

Beaucoup de nos proches ont un souvenir ou une croyance forte sur cette maladie.

Ce livret a pour objectif de vous présenter ma perception en tant que thérapeute **quand on vit cette maladie.** Ces quelques mots posés n'ont pas pour vocation de répondre à la problématique du cancer.

Je propose mon histoire de façon simple, avec les **différentes réflexions et les prises de conscience** que j'ai pu avoir pendant cette période-là.

Aujourd'hui cela fait un peu plus de **deux ans** que je n'ai plus de tumeur, je ne rentre pas encore dans la case 'guéri' dans la sémantique médicale, le délai étant de cinq ans pour valider une guérison, seulement cela n'influence pas les propos que je souhaite partager avec vous.

Je partagerai les **différentes expériences** que j'ai mises en place pour **gérer ce cancer**, les différentes réflexions que je me suis faites sur ce sujet ainsi que les résultats obtenus.

Chapitre 1 : Au commencement…

J'ai la chance de pratiquer des systèmes de mieux être depuis que j'ai découvert les **arts martiaux**, lorsque j'étais adolescent.

J'ai découvert **le Ki/Chi (énergie interne dans les systèmes orientaux)** alors que je ne voyais au travers des arts martiaux qu'une pratique de combat.

En étudiant et en rencontrant de nombreux professeurs, j'ai découvert que les anciens maîtres de combat, étaient souvent **des pratiquants d'arts de guérison.**

Cette rencontre avec cette capacité naturelle m'a permis de comprendre que nous pouvions **apaiser avec le toucher**.

J'ai pu mettre en pratique le **toucher énergétique** sur mes nombreuses blessures. Je ne peux pas assurer que le Ki n'était que la cause des résultats positifs que j'obtenais, seulement cela m'a ouvert une porte.

Il est possible que **l'auto suggestion,** comme la décrivait **Emile Coué,** ait joué également un rôle sur ces phénomènes, cependant à partir de ce moment là, je me suis plongé dans ces systèmes.

Avec le temps et les études supérieures, j'ai croisé le chemin de **la PNL.**

Un excellent système pour **mieux communiquer avec soi même et les autres.** Cet outil offre aussi d'excellentes techniques pour **atteindre ses objectifs.**

La pratique a été ma meilleure compagne dans cet apprentissage.

Que ce soit dans le monde des énergies ou celui du subconscient, j'expérimentais tout ce que j'apprenais.

Aucune rencontre n'est anodine et mon chemin m'a fait croiser celui de personnes qui ont pu m'aider dans mon développement et mon apprentissage.

Avec les années et de façon naturelle, j'ai pu recevoir mes premiers partenaires. J'ai pu voir que ces techniques pouvaient **apporter de l'apaisement et du bien être**.

D'un autre côté, plus on découvre, plus **les questions se font nombreuses** et de plus en plus complexes.

Parfois même, nous ne sommes plus capables d'y répondre.

Je me suis souvent posé la question de savoir **comment je gérerai une maladie grave** si je la vivais. Cela impose une sincérité vis-à-vis de soi et vis-à-vis de la mort.

C'est une question que beaucoup d'entre nous se posent. Nous n'obtenons pas forcement de réponses. En tant que praticien, il est possible que cela prenne une tout autre implication. **Est-ce que mon système pourrait m'aider moi comme il aide mes partenaires ?**

Dans ma carte du monde, une maladie lourde **ne devait pas être traitée par la médecine moderne**, c'est plutôt un chemin secondaire (J'invite toute personne malade à **consulter un médecin** dès qu'elle a des symptômes).

Cela vient certainement d'un **ego trop important** et d'une croyance un peu trop **déterministe**. Je pense que nous sommes nés pour vivre un certain temps et que nous allons mourir au moment où nous devons mourir.

La nature nous a **offert un potentiel** et si nous n'avions pas l'ensemble des technologies actuelles, peut-être serions-nous déjà partis. Alors, avec cette **croyance certes limitante**,

je me disais que soit une **maladie m'emporterait,** soit je **trouverais une solution** au travers des soins énergétiques, des massages, de la naturopathie, ou de tous les autres systèmes psychologiques.

Seulement, nous ne savons pas ce que nous allons faire jusqu'au moment **où nous y sommes confrontés**. Tout cela reste du domaine des spéculations.

Il est très facile de **dire de nombreuses choses** aux personnes qui nous entourent ou, plus encore, à nous même alors que **la situation n'est qu'une projection** de vie.

Mais que fait-on quand la situation devient un fait ?

Je me souviens quand je lisais Robbins, un coach de PNL, qu'il expliquait que nous pouvions avec notre **dialogue interne, changer des choses**, quand je lisais des principes de tai-chi dans lesquels l'énergie du corps offrait une voie de mieux être, je m'interrogeais beaucoup sur **la mise en application dans le concret.**

Un film qui m'a beaucoup marqué, un film avec Jim Carrey : Man on The Moon.

Dans ce film le personnage, qui a réellement vécu, tombe malade d'un cancer.

Il cherche pendant un moment à sortir de cette maladie et entame différentes quêtes spirituelles et il utilise différents outils plus ou moins mystiques.

Au final, il meurt. Ce personnage, étant assez excentrique et beaucoup dans la manipulation des autres afin de créer du spectacle, se fait la réflexion que **tout ce monde-là n'est qu'une illusion.**

Ce type de film me posait la question de savoir si je n'étais pas simplement dans **une croyance, une illusion...**

Au fond, je m'interrogeais pour savoir **si je n'étais pas un 'escroc',** qui, même si les résultats sur mes partenaires étaient marquants, ne proposait pas simplement **une suggestion des possibles.**

Quand les idées deviennent réalités, quand la vie offre une opportunité de vivre une nouvelle expérience, à ce moment là, **il n'y a plus de doutes à avoir**, il n'y a plus de questionnements sans réponse... il y a une chose à faire, **s'y mettre et faire de son mieux.**

Je me suis mis en place, une maladie qui allait me permettre d'**aller expérimenter** et vérifier la véracité de mes convictions.

Ne vous êtes-vous jamais interrogé sur **la possibilité que nous construisions nous-mêmes nos maladies.**

Pour ma part et connaissant mon caractère, je pense avoir **mis en place cette expérience de vie.**

J'utilise la sémantique '**expérience**' parce que c'est celle que j'utilisais quand je parlais de ma maladie. Une expérience est **complètement neutre**, il n'y a que le résultat qui est positif ou négatif.

J'ai pu **mettre en pratique ce que je connaissais,**

comme dans une **phase initiatique**. C'est un peu **l'approche martiale**, passant de la technique à l'affrontement le plus libre possible.

Une **approche de la vérité**, toute approximative, qui **autant dans la thérapie que dans le combat,** représente le chemin que j'aime arpenter.

Pour ceux qui me suivent, vous savez que **je remets toujours tout en question** et je pars du principe **que rien n'est vrai** seulement ce que je peux voir, vivre et ressentir. Cela est très empirique...

Chapitre 2 : La découverte

Nous sommes en novembre 2008. A la suite d'un entraînement pendant lequel je me suis pris un coup perdu aux parties, en regardant si rien n'était blessé, je suis rendu compte que j'avais une petite boule sur une de mes testicules.

Dans un premier temps, je me suis dit que **c'était un hématome**. Et je ne me suis pas plus inquiété que cela.

Pour ceux qui connaissent un peu le système de l'**Ennéagramme,** je suis du profil huit. Un type de personnalité qui est énormément **dans le déni.**

Pour avoir **l'illusion d'être fort**, les personnes qui font du huit développent une capacité à **ne pas ressentir, voir, entendre** les choses qui peuvent blesser ou faire du mal.

J'explique souvent que le déni a du bon, seulement **avec le temps, le déni rend le bon exécrable.**

Je ne vais pas porter plus attention à cette boule qui **avait décidé de se loger sur moi.** Par moment, je travaillais en énergétique dessus, **sans plus de conviction.** Je me disais que c'était bizarre, mais je n'allais pas chercher plus loin. **Je ne creusais jamais réellement,** inconsciemment je ne voulais pas savoir. Je préférais m'en occuper seul, quand ça me gênera...

Il faut savoir que dans cette idée d'être 'fort', je n'aime pas me faire aider, donc je ne vais quasiment jamais chez le médecin. J'ai toujours **l'impression** que je peux me débrouiller tout seul.

Par exemple, quand j'apprends une nouvelle méthode, tout ce que je peux avoir passe par le filtre de la technique. Ce fut le cas suite à une formation en **aromathérapie**, je l'ai expérimentée pendant des mois...

Seulement comme **je ne crois jamais ce qui est écrit** sans que je puisse le valider, je vous laisse imaginer les grosses erreurs et les retours vraiment négatifs que j'ai eus...

Partant du postulat, que je préfère trouver mes réponses, je travaille **avec ce que je connais ou je vais étudier ce que je ne connais pas** encore et qui pourrait me permettre d'aller mieux.

Cette fois encore ce fut le cas ....

Chapitre 3 : Les ennuis commencent.

Pendant ce temps, où je niais cette problématique, qui n'était pas encore gênante, je continuais **à me former et à recevoir** mes partenaires.

J'ai eu la chance dans ma pratique de travailler avec **des maladies lourdes**.

J'ai également eu la chance qu'on me donne la confiance de mener certains de mes partenaires jusqu'à leur **dernier souffle.**

Cela m'a donné **une certaine distance** vis-à-vis de ma profession.

Je me suis rendu compte que **je ne pouvais pas sauver ni aider tout le monde** et que parfois c'est difficile de l'accepter.

Comme de nombreux praticiens j'étais atteint d'un gros **symptôme du sauveur.** Je souhaitais sauver la terre entière.

Je me souviens, dans certaines méditations où il m'arrivait de me dire des suggestions du type : 'j'aimerais que certaines personnes souffrent moins, quitte à en prendre une partie sur mes épaules'.

C'est ce que l'on appelle **une compulsion** dans l'Ennéagramme. **Se croire suffisamment fort** pour prendre le mal des autres et finalement nous rendre compte que c'est **extrêmement égotique.** Il m'a fallu des années pour commencer à moins me perdre dans ce syndrome.

Soyons sincères, je pense que la partie sauveur en moi est toujours **un peu trop présente, encore aujourd'hui.** Tout a commencé à réellement s'accélérer suite à un stage de la **Méthode Silva.** Je me suis dit que cette petite boule, toujours présente, méritait que j'y prête peut-être un peu plus attention. Heureux de pouvoir utiliser cette extraordinaire méthode, je me suis mis à travailler sur cette petite boule au travers d'une transe en **communication subjective.** Voici en substance ce qui en est ressorti. Pas besoin d'être un grand ponte du décodage biologique pour comprendre qu'à ce niveau là pour les hommes, il y a un rapport à la sexualité, à la paternité, etc.Le système est très simple, au travers d'une transe, je vais me connecter à ma partie malade et commencer **une interaction co-développée** entre le conscient et le subconscient.

Je suis assez rapidement descendu sur le coeur de ma problématique aux enfants, le lien au père et ma propre capacité à devenir moi-même père.

Cette **problématique de paternité** est une récurrence qui existe depuis mon enfance. Je me souviens autour de 12 ans, je dormais chez un ami, et nous avions, comme beaucoup d'enfants, passé la soirée à penser au futur.

Nous utilisions sans le savoir la technique hypnotique du **'to pretend'** : faire comme si nous étions adultes.

Une chose dont je me souviens, c'est que lui souhaitait une maison avec une femme et des enfants.

Pour ma part, mon futur était représenté par une chose : **je me voyais en train d'écrire, penché sur l'avant, avec un crâne sur le bureau, et une bougie pour m'éclairer**. Je me souviens lui avoir dit que **je ne voulais pas d'enfants.**

Je me souviens également avoir dit que je pensais que **je mourrai seul**. Vous pouvez vous dire à ce moment du livre que je devais être un **petit peu étrange** comme garçon. Et c'est vrai qu'en y pensant ça me fait plutôt sourire.

Cette réflexion de **ne pas avoir envie d'enfant** remonte donc à longtemps. Ma mère me rappelait, il y a quelques mois, qu'à mes 18 ans je lui ai dit qu'elle ne devait pas s'attendre à avoir des petits enfants de mon côté.

Avec un tout petit peu de connaissances en psychologie, on voit facilement qu'il y a **anguille sous roche.**

Pendant des années, je me suis battu pour **défendre mon opinion** dans toutes les conversations au sujet des enfants. Il y avait l'éternelle rhétorique, celle qu'avec l'âge je changerais d'idées.

Je me souviens qu'autour d'une vingtaine d'années, je pouvais me mettre dans des **colères noires** quand on m'imposait l'idée ou la probabilité d'avoir un enfant.

Pour en revenir à cette **session clef,** j'ai fait un lien important avec ces différentes données entre moi, le fait d'être père, mon rapport à la paternité.

Cette transe m'a offert **une mise à plat de cette problématique** et une obligation de **lever le déni** mis en place depuis des années.

Le seul symptôme de cette complexité intérieure, à ce moment-là, était encore une petite boule... bien tranquille.

Seulement, ce que je venais **d'ouvrir en moi**, allait avoir des conséquences plutôt complexes... J'ai la croyance que **nous ne vivons que ce que nous sommes capables de vivre**.

Il ne nous arrive pas des maux que nous ne pouvons surmonter. Je me suis souvent demandé si le fait d'avoir ce cancer, même si ce n'est pas un cancer vraiment dangereux, n'était pas un **signal d'alarme** qui arrivait au moment où **j'étais juste prêt à travailler sur moi**.

Deux jours plus tard, cette petite boule qui ne devait pas faire plus de 0,2 cm est devenue aussi grosse que la moitié de mon testicule. Et en un mois cette petite boule était devenue une tumeur d'environ 280 grammes.

Chapitre 4 : Quelques mois difficiles

En quelques semaines à peine, je me suis donc retrouvé avec **un gros problème**. Je me souviens que dès le début du mois de décembre 2011, ça commençait à devenir un peu douloureux.

C'est surtout autour de Noël que j'ai eu ma première **grosse réaction physique à la tumeur.**

J'étais chez ma mère et un soir en sortant manger avec mon père et mon frère, j'ai commencé à ressentir une grosse fatigue et une forte température.

A cela se sont ajoutés du mal à digérer et la tumeur qui commençait à se consolider, à me fatiguer.

Je sais qu'à ce moment-là, j'étais encore dans **le déni,** je vous nomme aujourd'hui cela 'tumeur' mais à ce moment-là je pensais à **une infection.**

Puis, un ami a eu un problème au niveau du testicule et m'a expliqué qu'il il y avait une problématique assez commune du nom de **hernie inguinale..** Pensant à une **synchronicité** et étant pleinement **dans l'inconscience de vouloir savoir,** me dire qu'une hernie pouvait être une problématique, me semblait absolument parfait.

Néanmoins, après mon retour hivernal, j'ai eu la chance de faire le 2 janvier 2012 un cours particulier de Jiujitsu.

En me levant ce matin-là, j'étais extrêmement fiévreux j'avais très mal au niveau de la tumeur et également au niveau du bas-ventre et du foie.

Autant dire que cette session a été absolument **atroce** et que je me suis dit, que ça allait être très compliqué pour pouvoir m'entraîner et surtout tenir pendant les mois à venir.

À cette période là, je mettais en place des formations et je souhaitais écrire mon premier livre. Je m'étais donné jusqu'à juillet pour finir ces projets.

Étant dans une période charnière pour moi, je ne pouvais pas me permettre d'arrêter de travailler. Comme beaucoup d'indépendants **si on ne travaille pas, on ne vit pas.**

J'ai donc commencé **un travail de fond**, sachant que plusieurs symptômes commençaient à devenir plus que récurrents. La douleur à la tumeur, la douleur au foie, la douleur au bas du dos, de très hautes températures, et de façon générale une fatigue de plus en plus pesante.

C'est autour du 15 janvier, que dans **un éveil de conscience**, je me suis mis à chercher sur Internet tout ce que cela pouvait être. Le mot **cancer** revenait de façon régulière. Tous les symptômes que je présentais étaient similaires et au bout de quelques jours de **testing musculaire, de travaux sur les signalings, et de nombreux dialogues internes,** j'en suis arrivé à me dire que cela devait être un cancer.

Attention, je n'étais pas sûr de cela et je n'allais voir la confirmation que... sept mois plus tard.

Quand je dis à mes apprenants ou à mes partenaires qui font de l'auto-hypnose ou même de l'hétéro-hypnose, que **le subconscient peut complètement nous mentir,** cette étape a été un très gros mensonge pour moi.

Dans un premier temps **mon conscient ne souhaitait absolument pas admettre** l'idée du cancer. Je me souviens que tous les soirs autour de cette période, je travaillais sur des transes sur lesquelles je donnais comme suggestions que dès le lendemain matin, le testicule reviendrait à **son état normal.**

C'est **le principe de la pensée magique**, qui est très courant en énergétique...

C'est d'ailleurs un des défauts de ces systèmes qui nous persuadent que vraiment en un instant 'tout' peut être solutionné.

Imaginez bien que **cela n'a pas eu lieu** et parce que les suggestions directes n'avaient aucune **intentionnalité réaliste**. Souvenez-vous, les objectifs doivent être réalistes.

Quand nous nous interrogeons, il est important d'**être prêt à entendre la réponse,** seulement nous sommes rarement aptes à l'écouter.

Nous pouvons le faire soit par le **testing musculaire, le signaling, ou même le dialogue interne.** Par contre si nous recommençons à nous interroger, suite à l'utilisation des différents outils, c'est que nous savons que **la réponse est fausse.**

Nous souhaitons tellement obtenir **une réponse qui nous convient,** qu'**un doute** pourra être la preuve que nous sommes en train de nous mentir. Avant d'**admettre** le mot 'cancer', j'ai du **me tester des centaines de fois.** Au moment où j'ai admis que potentiellement ce n'était pas une hernie mais plutôt un cancer, j'ai senti **une forme d'apaisement.**

Je ne dis pas que j'étais bien, simplement que **le dialogue constant** que je me donnais vis-à-vis de cette problématique **devenait un peu plus fluide.**

Je pense que c'est à partir de la dernière semaine de janvier que j'ai vraiment commencé à travailler beaucoup sur moi.Quand je dis beaucoup c'était même **excessif.** Je me levais tôt le matin, je me couchais tard le soir et très souvent mes nuits ressemblaient plus à **des transes** qu'à du sommeil.

Chapitre 5 : Le travail sur soi

La première étape a été très simple. De bonne heure, chaque matin je mettais en place des **sessions d'auto hypnose en auto suggestions**.

En ayant observé les résultats positifs de la **communication subjective** qui m'ont été offerts en à peine 48 heures, une belle grosse tumeur..., j'ai décidé de m'axer principalement sur ce processus, je reviendrais dessus ultérieurement. Il est intéressant de nous rendre compte que très souvent, le travail que nous avons fait sur nous au fur et à mesure des années, que ce soit via la méditation, les travaux énergétiques ou même l'auto-analyse, **nous limite. Cette limite n'est pas volontaire**, mais nous ne voulons pas forcément toucher ce qu'il y a de plus profond.

C'est comme **une protection du conscient** vis-à-vis du subconscient pour éviter de vivre **une souffrance** ou plus encore **une remise en question de notre propre vie**.

Quand nous nous disons que la maladie qui nous habite peut potentiellement nous faire **vraiment du mal (tout est relatif),** voire nous tuer, nous devons faire **un contournement du facteur critique,** un lien entre le conscient et le subconscient. J'ai pu trouver une réponse à la question précédente, comment réagir si j'étais malade. La réponse, juste **en travaillant constamment sur un seul objectif**..

Vous n'êtes pas sans savoir que dans la définition de nos objectifs, il y a un aspect très important, **qui est celui de focalisation.** Quand nous avons une maladie, la plupart des éléments extérieurs **prennent une place différente.** Nous avons dès lors l'opportunité de p**ouvoir nous centrer sur ce qu'il y a d'essentiel.** Notre corps, d'une façon ou d'une autre, nous rappelle que nous vivons une douleur, une gêne, ou d'autres problématiques psychiques. Pour se focaliser cela est **un excellent élément.** Je me dis que c'est peut-être une de ces choses qui **se fait naturellement**, qui peut aider d'un point de vue psychique l'être humain. En effet, toutes ces gênes causées par une maladie, **orientent constamment notre conscient et notre subconscient vers ce mal.**

On peut décider de l'**occulter,** parfois même certaines personnes détestent cette sensation obsédante de maladie. Cependant, si nous réussissons à orienter **cette fixation naturelle,** que nous mettons en place vis-à-vis de nos maux, comme objectif et qu'elle est bien orientée, elle devient un **levier puissant** pour atteindre notre objectif.

Dans mon cas, cela a été **un excellent stimulant** pour réellement **passer du temps sur moi et constater les effets que cela pouvait avoir.**

Mon objectif était simple, c'était celui de **retirer complètement cette tumeur.** Bien sûr, je ne savais pas du tout si cela était possible, les seuls cas que j'avais rencontrés sur le sujet étaient des histoires que j'avais pu lire dans des livres divers.

C'est d'ailleurs souvent une question que je me suis posée, n'ayant pas rencontré de personnes qui avaient réussi à retirer une maladie lourde, j'avais l'impression que c'était **plus des histoires positives et motivantes que des faits et des réalités**

Il y a quelques années, j'ai fait un stage avec un système qui se nomme **le corps miroir**. Brofmann est le créateur de cette méthode et aussi un ancien de la Méthode Silva.

Il a mis en place sa propre méthode suite à une maladie, un cancer au niveau du cerveau. Il est dit qu'avec les travaux de Silva, de méditations, de visualisations, etc... **il a pu se guérir.**

Ayant assisté à son stage et ayant expérimenté depuis plus d'une dizaine d'années sa méthode, j'ai pu constater des **choses vraiment intéressantes** et des retours très **positifs.**

Cela peut sembler curieux, pour certaines personnes, que j'ai pu me dire que c'était **une bonne chose que de vivre une maladie comme celle-ci.**

Pour moi, cela représentait **un challenge** et surtout un **chemin vers une vérité**. Celle que je proposais à mes patients et celle qui pour moi **était juste dans mon quotidien.**

Toute cette période même s'il y a eu beaucoup de douleurs et quelques problèmes plus importants, m'a offert la possibilité de **réellement approfondir mes systèmes.**

Que ce soit en auto hypnose ou en énergétique, j'ai utilisé tout ce que j'avais étudié et mis en pratique pendant des années.

J'ai pu vivre dans **du factuel**, cela m'a permis de mettre de côté les techniques qui sont **intellectuellement intéressantes et stimulantes** mais pas réellement efficaces dans mon cas.

Tous les matins, j'ai mis en place un travail en **auto-hypnose et en énergétique**. Si vous avez fait des stages en énergétique, vous pouvez vous rendre compte que les transes font partie du système.

D'ailleurs si nous reprenons l'histoire de l'hypnose, **le Mesmérisme,** qui est à l'origine de la discipline moderne, liait **les transes et les passes magnétiques.**

J'ai travaillé sur **une transe somnambulique** en dialogue interne. Cela me permettait de cadrer dans un premier temps les différents sujets qui me mettaient dans des **émotions dissonantes**. Dans mon spectre d'émotions, la plus présente est **la colère**. Cela me permettait de valider de nombreuses régressions et autres perceptions.

Régulièrement, je mets en avant que le subconscient **souhaite s'exprimer**. C'est durant cette période que je me suis rendu compte que l'auto-hypnose, uniquement en **suggestions directes, pouvait être limitée.**

Il est important d'avoir une **sémantique juste**. Cependant, même avec cette notion, pour un cancer, cela n'est pas suffisant.

Pour être plus précis, si vous avez une maladie un peu lourde, une suggestion du type '**je vais de mieux en mieux,**' peut sembler **un refus d'écouter sa propre maladie**.

Je ne dis pas qu'il ne faut pas travailler sur des suggestions. Seulement, il est important d'**inclure cet outil** dans le travail que nous mettons en place.

De plus, il est intéressant de comprendre que dans mon modèle de la psyché, je dois travailler sur différents éléments.

Le Subconscient et l'Inconscient. Le Subconscient reprend les émotions, les valeurs et les croyances, les schémas récurrents. L'Inconscient, lui, travaille sur le **symptôme** du corps.

Pour le moment, la seule façon pour moi de toucher l'inconscient, passe par l'application des **transes en ultra**. Je reviendrais sur ce sujet plus tard.

Une fois que j'ai pu constater que les suggestions directes devaient plutôt être, comme le conseillait Joseph Murphy, **une répétition en continu** dans son quotidien, je me suis principalement centré sur l'auto analyse par des questions / réponses, parfois conscientes ou subconscientes.

Les retours étaient physiologiques, la tumeur **variait** en taille et en douleur. Cela offrait également des **régressions symboliques** et parfois même en **vies antérieures**.

J'ai la croyance que les régressions en vie antérieure ne sont que des solutions que nous trouvons au travers de notre subconscient **pour faciliter un changement**.

Toutes les actions que je mettais en place que ce soit dans mon quotidien, en nettoyant mon appartement, en montant sur ma moto, en allant m'entraîner, en mangeant... avaient un objectif, celui de '**faire disparaître' la tumeur.**

Par exemple, sur ma moto, j'ai eu pendant 7 mois le même **travail de visualisation** à chaque fois que je la prenais.

Le principe est simple. Prendre la tumeur comme le poids de certaines choses de ma vie. Comme, il est difficile de faire un bon questionnement, je proposais la suggestion que cela représentait tout ce que j'ai pu cumuler sans même le conscientiser.

J'ai toujours un sac à dos avec moi, j'imaginais donc que ce **sac était rempli de tous mes maux**, et que dès que je roulais, je le vidais sur la route... toujours derrière moi.

Cet outil me permettait de calmer certaines douleurs et de faire fonctionner en continu cette idée de **lâcher les choses**, de ne pas les garder en moi.

A mon avis quand nous sommes malades, **tout est possiblement un exercice** vers notre mieux être. C'est une **discipline nécessaire**. Je reviendrai sur l'importance du sport dans ma pratique, je vous donne simplement une idée pour ce qui concerne l'importance de cette dynamique dans le processus mis en place. Un ami avec lequel je partage de nombreuses réflexions sur la thérapie, a la même vision des soins pour ses partenaires que moi. Il met souvent en avant que **la psyché doit être travaillée autant que le corps.**

Il est vrai que souvent, lorsque nous travaillons avec une méthode, nous mettons de côté les autres outils. Pourtant, nous sommes des êtres complexes : **physique, psychique et énergétique.**

Lorsque je partais m'entraîner, le but était d'aller me mettre en tenue contre mon mal. Cette symbolique martiale que le **pratiquant forge sa lame pour trancher son ego**, pouvait parfaitement convenir à ma démarche.

Avec le recul, je me suis demandé pourquoi je ne suis pas allé consulter, alors que la gêne était quotidienne. La réponse est simple et pleine d'ego, **je ne voulais pas que l'on m'aide.**

J'ai toujours l'impression que dès qu'il m'arrive quelque chose, d'un point de vue physique ou psychique, je dois **d'abord trouver mes réponses et faire de mon mieux.** Quitte à ce que ça s'aggrave. C'est purement une **compulsion** de ma personnalité. En effet, il y a en moi et pour moi, cette envie de **ne pas me paraître faible.** Je peux dire que dans mon quotidien ce n'est pas ce qui me rapporte le plus de bénéfice. C'est comme un enfant qui vient de se faire mal et qui ne veut pas qu'on le soigne, parce qu'il veut faire comme les grands.

Le mot 'cancer' ne m'avait pas été prononcé, donc je pouvais également rester dans une forme de **déni.** Le plus, de cette manière de fonctionner, est que j'étais persuadé de **pouvoir dépasser** ce que je vivais.

Je restais rarement chez moi lorsque j'étais gamin, mes parents me disaient toujours que ce n'était rien.

J'avoue que c'est plutôt positif, juste que ça ne nous ouvre pas tellement à **l'écoute de nous.**

C'est d'ailleurs un sujet qui porte à réflexion. Est-ce que nous devons sans cesse nous perdre dans les signes d'une maladie, quitte à en être obsessionnel, ou juste laisser les choses s'arranger ? Je n'ai pas de réponse, même si je pense que nous devrions **apprendre à développer une écoute juste** de notre corps et de notre esprit. Chose qui n'est malheureusement pas enseignée dans notre culture.

Avec cette façon de percevoir les choses, je n'ai presque pas parlé de mes problèmes. J'ai une fâcheuse tendance **à garder pour moi et surtout ne pas communiquer** à ces moments-là.

Beaucoup m'en ont voulu après coup de ne pas avoir partagé. A mes yeux, cela ne sert à rien de faire paniquer ou stresser les personnes que l'on aime.

Autant aller jusqu'au bout et se débrouiller en diminuant la pression que chacun se met.

Je reviendrai dessus parce qu'il est assez impressionnant de constater à quel point la maladie **angoisse** les gens.

Pour résumer les travaux de base :

1 - Dialogue interne et de l'énergétique tous les matins et tous les soirs

2 - En moto, travail symbolique du sac.

3 - A l'entraînement, projection d'un combat de moi-même.

Cela devait me prendre autour de **quatre ou cinq heures** quotidiennement.

Chapitre 6 : La gestion de la douleur

Du mois de janvier 2012 jusqu'à mi juillet de la même année, la tumeur était en place. Cette dernière pesait lourd et par conséquent me faisait vraiment mal dans mon quotidien.

Comme je vous l'écrivais précédemment, il y avait les **douleurs de la tumeur** elle-même, mais plus encore une espèce de **sensation aiguë au niveau du bas-ventre** et comme si on tirait **mon foie** en le compressant. De plus, j'avais une douleur énorme au **bas du dos** et cela me faisait passer des nuits plutôt douloureuses.

L'hypnose est un excellent **outil analgésique, voire anesthésique.** C'est d'ailleurs une des méthodes qui commence à revenir en hôpital pour certaines opérations.

J'ai donc pu tester tout un travail sur la **gestion douleur.** Cette dernière pouvait prendre de **nombreuses formes.** Ceci m'a permis de me créer des **ancrages**, des **suggestions clefs** mais aussi des **transes profondes.** J'ai pu aussi observer si les **travaux d'analyse,** de prise de conscience offraient également un apaisement

Sur une journée, je devais avoir une **douleur continue de 4** sur une échelle de 1 à 10. Seulement, en quelques minutes elle pouvait monter autour de 7 et devenir très gênante.

J'avais l'habitude de me réunir avec des amis entrepreneurs pour discuter de différents projets et échanger sur de nombreux sujets.

Cette rencontre avait lieu tous les mercredis.

A chaque fois au bout d'une heure de discussion, la douleur venait me déranger.

Il m'a fallu un certain temps pour parvenir à trouver une technique pour calmer cette douleur. C'est avec un ancrage spatial que j'y suis parvenu.

Je **fixais le logo** d'une boutique au début de la discussion, pour ancrer un moment pendant lequel j'étais bien, en **l'associant**, puis dès que la douleur arrivait, je regardais le logo.

Il était assez courant que la douleur devienne tellement forte que **je délirais ou que je vomissais**. C'est d'ailleurs à partir de ces constats-là, que j'ai pu comprendre la limite de l'auto hypnose sur la douleur.

Il est **impossible de gérer sa douleur quand la température du corps devient trop forte**. De façon générale, la douleur pouvait être réorientée ou diminuée en descendant dans **des transes somnambuliques.** Avec des suggestions et une détente assez importante, la douleur pouvait passer.

Seulement, avec la température nous passons à un niveau somnambulique complètement **instable.** Nous allons plus facilement dans de **l'hallucinatoire** et nos pensées vont dès lors dans tous les sens, comme lorsque nous sommes en **sommeil paradoxal.**

Quand mes nuits avaient été trop douloureuses, je travaillais **en transe profonde**. Le problème, c'est que je ne maîtrisais pas vraiment bien les timings.

La **distorsion de temps** pouvait me faire passer de quelques minutes à quelques heures.

La grande force des H-Ultras est de permettre **un état de bien être au niveau zéro de douleur.** Je souhaitais travailler davantage quand j'étais en Esdaile, le problème c'est que le bien être me narcotisait complètement et me permettait **seulement de récupérer.**

Comme je vous l'expliquais, je travaillais beaucoup avec les **dialogues internes.** Ces sessions plus longues me permettaient un **travail symbolique**, m'offraient des variations intéressantes de perceptions.

Un de mes postulats de départ était le suivant. La maladie, et encore plus la douleur, sont des outils qui permettent de nous donner **une indication.**

Cette indication étant qu'il y a **un élément dissonant,** ou tout du moins, qu'il faut porter notre attention sur certains éléments qui **ne nous offrent pas une harmonie intérieure.** En somme, si la douleur augmente de manière continue, c'est que **je m'éloigne** probablement de ce qu'il y a à traiter, si ça s'apaise, c'est que je m'approche ou même que **je traite** le problème.

Quand je partais dans **ce dialogue subjectif**, je trouvais des **moyens de fuir.** Par exemple en **m'endormant ou en me confusionnant,** c'est-à-dire que je n'arrivais pas à gérer mes pensées.

Ces sessions là, je les estimais comme vides. A d'autres moments, le curseur de douleur allait changer plusieurs fois, surtout sur certaines questions qui m'éveillaient des émotions ou des douleurs.

Il faut noter que la douleur **transitoire** est une façon que nous avons de vivre un point traumatisant ou une résistance. C'est pour cela que les sessions pouvaient être très longues.

Cela me permettait de voir les points importants, ceux qui n'étaient que des **sous-problèmes** et de remonter petit à petit vers des sources, à la fois de **douleurs physiques et émotionnelles.** Le questionnement et la prise de conscience entraînaient souvent une grosse douleur de **résistance** d'un schéma que je venais de secouer et **un apaisement physique, remplacé par des 'maux' psychiques.** Autant dire que parfois, la douleur du corps est plus **'agréable'** que celle de notre esprit qui se perd dans des marasmes et des perceptions. Certaines régressions ont aussi la **capacité d'apaiser des douleurs physiques**. J'avais l'impression que cette maladie cumulait de nombreux maux de l'enfance qui s'étaient cristallisés pour réapparaître dans un ici et maintenant.

Enfin, l'énergétique lié à la transe ouvrait aussi de nouvelles possibilités vraiment intéressantes. Le toucher devenait une **prise de conscience de mon corps** et de sa capacité de s'apaiser.

Ces différentes méthodes fonctionnent chacune à des moments différents. Il y a en effet de nombreux paramètres qui peuvent entrer en compte. Il suffit que nous soyons dans un état émotionnel instable pour que **certains outils deviennent inopérants.**

J'ai la croyance qu'il y a **toujours moyen de diminuer et de gérer sa douleur.**

La seule chose qu'il faut bien **gérer c'est notre température.** La seule solution que je trouvais, ne prenant aucun médicament, c'était les **bains frais et les douches**.

Même si dans l'instant cela n'est pas agréable, cela nous offre la possibilité de reprendre les manettes de notre tableau de bord.

Chapitre 7 : Les arts martiaux

Je pense que je suis, parce que je combats, en écrivant ces quelques mots je souris de **ma compulsion** comme le définit l'Ennéagramme, dans cette croyance que **le monde est un combat.**

Les faits étant ce qu'ils sont, **je suis un combattant** depuis mon adolescence. J'aime cela, c'est un moment où 'Je suis'.

Durant toute ma démarche, je **n'ai cessé de m'entraîner**.

J'ai mis dans Budo (Voie de la Guerre en Japonnais) des croyances énormes depuis que je suis enfant.

Je ne pratique pas pour être le plus fort, mais pour devenir un homme qui peut **dépasser toutes les épreuves** et renforcer ma 'lame'. Ce défi contre l'ego.

Quand je suis allé faire mon premier cours particulier de l'année et que j'ai souffert de cet entraînement, **je n'en menais pas large**. Je me rendais compte pour la première fois qu'en plus des symptômes que je vivais, cela impactait mon corps de façon réellement problématique.

Pourtant, je me suis dis que l'entraînement, transpirer, se dépasser, ne pouvait être que positif dans ma démarche.

C'est aussi une façon de nous dire que nous pouvons **dépasser les épreuves**. Quand j'ai vu mon grand père partir, je m'étais fait la réflexion qu'il était mort parce qu'il avait cessé de sortir, de bouger. La **métaphore de l'arbre** est intéressante.

Une jeune pousse est **souple, pleine de mouvements,** parfois ballottée par le vent, seulement elle est **pleine de vie.** Les arbres qui meurent deviennent rigides, les branches se brisent au vent. J'en avais conclu que l'inaction, l'oubli du corps dans l'âge et la maladie, menaient à la mort. Chose étonnante, même si je ne pouvais pas particulièrement dire que les entraînements se faisaient facilement, souvent durant la session, **mes symptômes et douleurs diminuaient, voire disparaissaient.** Ce qui est curieux, c'est que la maladie et le sport sont un sujet assez tabou. Il y a comme un **malaise** sur le sujet. Et lorsqu'on y pense, il est vrai qu'on demande en début d'année **un certificat d'aptitude** au sport auprès d'un médecin. Or le sport qui est un **excellent palliatif** à la déprime, aux malaises et aux douleurs est souvent interdit pour des personnes atteintes de certaines maladies.

On peut donc leur empêcher une chose positive avec une bien-pensante raison : **protéger le malade...**

J'ai la conviction que si **nous ouvrions plus les consciences** des personnes malades, à dire que même si parfois c'est difficile, que cela peut être douloureux, les bénéfices sont réels, nous pourrions trouver des alternatives complémentaires réelles (le pré requis : aimer le sport). Cette année là, je suis allé en compétition. Il faut comprendre que **les entraînements deviennent une thérapie.** Quand j'ai commencé le Karaté, j'avais une importante carence sanguine, il me manquait 70% de fer dans le sang.

Les entraînements à l'époque étaient **un enfer**. J'avais peur, j'avais mal, je rentrais chez moi, je vomissais … Une forme de masochisme, de **sublimation très martiale** de la douleur comme étant formateur de l'homme en devenir que j'étais.Soyons tout de même sincères, **c'était horrible,** je pense que dans ma vie de pratiquant, ces débuts ont été **le plus difficile.** Par contre, cela a été une leçon qui a pu me servir avec mon cancer. Je peux **dépasser bien plus que ce que je pense être capable de faire.**

Je me souviens d'un de mes Sensei qui m'avait dit que lorsque je suis crevé, que je n'en peux plus, que je vomis mes tripes, **il me reste encore 40% de mon énergie**, et donc qu'il ne faut pas que je pense que je suis au bout de moi-même.

Je pense que cette philosophie m'a **beaucoup aidé** dans mon quotidien, la contrepartie c'est que je peux être très dur avec des personnes qui se plaignent...

Je n'ai peut-être pas encore compris toutes les subtilités de son enseignement …

Quand j'entrais dans mon dojo, je **ne combattais pas mes partenaires**, quand je partais en compétitions, je ne gagnais pas en étant sur le podium, simplement la possibilité de venir, d'oser, d'y aller, de partager un moment avec tout ce monde que j'aime tant, était déjà **une victoire du quotidien.**

Symboliquement, je jouais à imaginer que chaque combat, chaque technique que je faisais, était en train de **me renforcer, de me guérir.**

Comme je vous le disais, chaque chose que nous faisons lorsque nous sommes malades à pour **unique objectif de guérir.**

La symbolique des cellules qui combattent prend forme dans l'affrontement physique, dans la compréhension des faiblesses et des forces. J'ai la chance de pratiquer, entre autre, **la Luta Livre et le Jiujitsu.**

La philosophie de ces arts souples est extraordinaire. Elle enseigne à **ne pas s'opposer à la force**, mais de la percevoir autrement, de l'orienter ou de s'orienter de façon différente. Quand une technique ne fonctionne pas, il suffit d'en trouver une autre et de **l'appliquer dans le bon angle**, exactement comme en thérapie.

Lorsqu'on est malade, il y a de nombreuses méthodes, **chacun cherche son Graal.** Seulement, comme en combat, nous sommes tous différents par rapport à la maladie. Nous ne réagissons pas aux mêmes choses, nous n'acceptons pas les mêmes valeurs et croyances. Il nous faut trouver ce qui nous apporte **le maximum d'efficacité avec un minimum d'effort (Principe de JiuJitsu).**

Notre corps et notre esprit pouvant être affaiblis, par la maladie elle-même et également par l'entourage, les médecins, les médicaments, **nos dialogues internes négatifs.**

Je pense que devenir un **Jiujitsuka de sa maladie**, c'est apprendre à comprendre sa force, sa place, ses messages aussi.C'est **trouver les angles**, les leviers qui vont changer notre façon de l'aborder, de lutter.

Il y aura toujours des moments où **la pression** de l'adversaire (la maladie) **nous poussera à abandonner.**

Pourtant, nous apprenons à **calmer sa progression,** à la gérer, à la déstabiliser et à la vaincre. Les Mestre que j'ai eu, me disaient toujours quand tu es dans la 'm..' **retourne sur tes postures. La Posture étant sa base.**

Parfois, il est difficile de faire un match équilibré, parce que nous sommes seuls contre l'adversaire, pas de coach dans le coin qui **nous donne des conseils.**

Pour ma part, j'ai fait la majorité de mes compétitions sans coach, j'étais seul à me débrouiller, et je pense que ce que **nous sommes sur un tatami, représente ce que nous sommes dans la vie.** Les compétitions que j'ai faites à cette période étaient plutôt **douloureuses.** J'ai l'habitude de combattre, le stress, même s'il est toujours présent, n'est plus ce qui me fige. Par contre, les matchs que j'ai menés à cette période étaient vraiment délicats.

Outre la douleur qui dans ce type d'ambiance, n'aide pas à la pacification de l'être, **la température** faisait son apparition de façon impromptue.

J'ai ressenti **une grande paix** en post combats, comme si j'avais dépassé la croyance que parce que nous sommes 'malades' nous ne pouvons pas faire de performances.

Sans les arts martiaux, qui en soit sont un ancrage dans **une transe très positive,** pour ma part, je pense que je n'aurais pas vécu cette période de la même façon. Alors un conseil, même si vous êtes mal, continuez ce qui vous stimule, c'est **une forme d'affrontement entre deux transes,** deux états, celui de malade et celui de bien.

Chapitre 8 : Transes H-Ultras ou Transes Profondes

Dans ma démarche, j'ai beaucoup utilisé les **Transes profondes**. Je n'avais pas encore travaillé **sur Sichort,** mais j'avais eu la chance d'étudier, de voir **Esdaile**. Pour les personnes qui connaissent l'hypnose, c'est ce que l'on nomme le **Coma Hypnotique. Le Coma hypnotique n'a rien à voir avec le coma clinique.** Tout comme en hypnose on ne dort pas, l'Esdaile est seulement un niveau de profondeur de transe.

Il est à noter que le mot 'Coma' est issu de **Dave Elman,** la tendance sur laquelle j'ai développé ma perception de l'hypnose (une école différente de celle de **Milton Erickson**). Ce qui est intéressant, ce sont les effets des transes profondes.

La première chose est l'**état d'apaisement.** A ce niveau, nous sommes dans une bulle de bien-être et de bonheur. Pour être précis, dans **la sémantique hypnosophique,** une transe qui se veut particulièrement **subconsciente**.

La seconde chose est **une analgésie, voire une pleine anesthésie.**

Et quand nous sommes dans un état de douleur continue depuis plusieurs jours, avec des variations hautes et plus basses, c'est un plaisir de ne plus ressentir son corps.

J'ai beaucoup utilisé cette transe, parfois même à l'excès, je rentrais pendant **plusieurs heures** à ce niveau. Je passais 2-3, parfois 4 heures dans cette plénitude.

Il y a de nombreux écrits de l'époque de James Esdaile et surtout depuis les années 50, aux USA, qui indiquent que **ces niveaux profonds affectent le corps**, et permettent d'ouvrir des possibles de guérison plus rapide.

Je ne veux pas faire de marketing sur le sujet, parce que je ne peux absolument pas vous dire si c'est vrai ou pas.

Ramey, un spécialiste de l'Ultra Depth, lui vend sa méthode comme un outil permettant, à ces niveaux profonds, **d'accélérer la guérison** ...Ma question est : comment sait-on si nous sommes **plus ou moins rapides dans une guérison** ? Y a-t-il un rythme et un temps pour guérir ?

En tout cas, ce niveau offre **une voie concrète** pour permettre à notre être de ne plus se 'sentir' malade, pendant quelques minutes ou heures.

Un peu comme dans un sommeil profond qui nous permet juste d'être bien.

Quand je ne parvenais pas à partir dans ce type de transe, à cause de la température, de malaises physiques ou psychiques, j'étais certainement (et je le dis avec le recul) **entre le niveau somnambulique et le niveau Esdaile.**

A cet état là, je n'étais pas en repos mais plutôt dans **un travail d'hypnosophie** (une forme d'hypno-analyse) très puissant. A tel point qu'il m'arrivait de faire des sessions pendant lesquelles **mes douleurs explosaient,** je partais en **régressions spontanées symboliques**, qui étaient tellement violentes, parce qu'associées, j'en vomissais.

Les retours dans le conscient étaient par contre **plus paisibles**, en général, j'étais émotionnellement tellement vidé, que mon corps et mon esprit ne souhaitaient que dormir.

Chapitre 9 : La méthode Simonton

La première fois que j'ai entendu parler de Simonton, c'est un de mes mentors, **Madame Lee Pascoe,** qui en parlait pendant la **méthode Silva.**

Une méthode qui est basée sur les travaux en en Alpha, une forme d'**auto hypnose.**

Simonton est un **oncologue et radiothérapeute américain** qui a mis en avant l'importance et les ouvertures que permet le traitement psychologique pendant un cancer.

Il a fait une étude de 71-78 qui montre que la survie peut être **deux fois plus longue** sur des phases terminales. Comme dans tout l'ouvrage, **je ne dis pas que c'est une vérité,** je trouvais l'idée intéressante, et j'ai donc acheté ses deux livres et j'ai bossé sur les concepts qu'il propose. Rien de révolutionnaire mais **beaucoup de discipline et de visualisation.** Prendre une image de ses cellules en bonne santé qui **affrontent les cellules malades.** Durant de **longues périodes,** mettre en place cette visualisation. Ce qui est bien avec le net et puis tout ce que nous avons pu voir à la télévision, c'est que **nous pouvons facilement nous projeter.**

Lorsque j'étais enfant, il y avait une série qui se nommait, 'il est une fois la vie.' Et dans ce dessin animé, il y avait une **explication très imagée** de ce qu'était une maladie, les virus et comment notre corps pouvait réagir.

Il me suffisait de reprendre ces images, pour mes

visualisations. Et comme le subconscient dans ma définition de l'Hypnose / Hypnosophie est l'**équivalent d'un gamin de 5 ans**, donc c'était le jeu dans lequel **je pouvais facilement me plonger.**

J'ai eu tout de même **des moments de blues**, enfin chez moi qui suis plutôt mono-émotionnel, **ça m'énervait.** Je ne comprenais pas qu'en visualisant ces guerres internes, en visualisant la diminution de cette masse douloureuse, elle ne réduise pas.

Quand on bosse comme praticien, il est fréquent de voir **des choses assez exceptionnelles**, des retours physiques ou psychologiques impressionnants. Alors il y a **une petite frustration** quand les retours personnels ne donnent pas ce que nous attendons.

Il est juste notable que **ma tumeur n'a pas augmenté,** avec ce travail quotidien de plusieurs heures.

C'est d'ailleurs une réflexion que je m'étais faite, car lorsque j'ai cessé ces exercices quotidiens, elle avait pris du volume.

Chapitre 10 : Rencontre avec mon médecin

Mon corps et moi avions **un deal**, je pouvais 'tenir' jusqu'à mi juillet.

Dans une de mes transes, j'ai mis en place un accord entre mon corps et ma psyché. **Mon subconscient a tenu parole.**

Est-ce une programmation ou est-ce vraiment le maximum que je pouvais tenir ? Je ne peux pas vous le dire, en tout cas, le jeudi 12 Juillet, les symptômes d'une **douleur sans nom** ont fait leur apparition.

J'ai eu l'impression pendant 48 heures de vivre l'enfer de douleur. Comme si tout mon corps ressortait ce que j'avais pu lui faire subir depuis que j'étais enfant.

Une fièvre à plus de 39 degrés, des délires, des vomissements. Et comme mon médecin n'a pas pu me prendre en 'urgence', **je n'ai pu avoir un rendez-vous que le lundi...**

Je n'avais pas le moindre médicament et je me suis dit que **je pourrais gérer seul.**

C'est une **belle compulsion** de ma part, même si je n'en pouvais plus, je me débrouillais seul.

Conclusion deux jours d'intense mal être, où je devais ramper pour aller aux toilettes, où mes délires et fièvres m'empêchaient de calmer les douleurs, parce que les **transes étaient impossibles**.

C'est en reprenant **mes livres de yoga** et en testant des tas de postures (certainement très mal faites) qu'au bout de deux jours, j'ai pu trouver une posture qui m'a apaisé et m'a permis de m'endormir.

Quand j'ai eu mon rendez-vous cela faisait quelques jours que je n'avais pas mangé, **je n'étais pas tellement vaillant.**

Alors il faut savoir que mon médecin est un peu particulier. Je l'ai depuis que je n'ai plus de pédiatre.

Je n'ai jamais été très 'médecin' et donc je m'y rendais essentiellement pour mes certificats d'aptitude ou mes flémingites au boulot. Cela faisait 3-4 ans que je n'étais pas passé le voir. Il faut également savoir que c'est un **praticien en hypnose, diplômé** d'une école connue des médecins.

Je donne le contexte, un lundi de la **deuxième quinzaine de Juillet,** il faut avouer que je tombais plutôt mal.

Durant mon entretien, je lui dis que depuis Janvier j'avais cette boule que cela avait commencé quelques mois avant... cela m'a donné **le droit à une belle réprimande.**

Il est certain que lorsque l'on va voir un médecin c'est pour se faire engueuler comme un enfant de cinq ans.

C'est d'ailleurs une chose intéressante, la médecine nous remet souvent dans **le statut d'enfant, si possible adapté,** que l'on retrouve en **Analyse Transactionnelle,** comme si pour appuyer **la figure d'autorité**, il faille construire un **complexe d'infériorité.**

Le petit souci, c'est que si on reprend l'AT, je suis un **enfant rebelle,** je déteste que l'on m'infantilise et surtout, je me suis dit que pour **un hypnothérapeute,** il n'avait rien compris à la **communication indirecte. Il ne m'a même pas ausculté,** il a regardé sans s'approcher et après 20 secondes il m'a dit que ça devait être une infection et qu'avec des antibiotiques ça devrait aller mieux. Pour vérification, il m'a aussi proposé une échographie. Deux jours plus tard, j'ai mon échographie et en regardant **le body language du spécialiste**, je ne le sentais pas à l'aise.

Quand je lui ai demandé ce que j'avais, il m'a dit qu'il fallait peut être que je vois **un urologue.**

Mais lui ne pouvait pas s'engager et donc laissait mon médecin me parler...

Sauf que... mon médecin qui m'avait vu 48 heures avant en me demandant si mes symptômes avaient diminués, lorsque je lui ai dit que les médicaments me donnaient de nouvelles douleurs et des vomissements, il me les a fait stopper, mais l'autre problème était qu'**il partait en vacances le lendemain** et il m'a proposé de le revoir début Août... En finissant le rendez-vous, il m'a fait une sublime suggestion... **"C'est sûrement une infection ... peut être un cancer..."** Pour ceux qui connaissent un peu l'hypnose, vous savez que **l'attente est un moyen de faire grandir une suggestion**... une grande dextérité dans l'hypnose conversationnelle que celle de mon médecin.

Donc, j'ai pour la première fois **le mot 'Cancer'** qui fut prononcé. Dans cette partie du livre, je vais particulièrement **appuyer sur la sémantique**. Je pense que le staff médical fait au mieux qu'il peut avec ses outils.

Seulement la **communication est essentielle**. Nous savons que les médecins sont **des figures d'autorités**, de plus avec les expériences connues de **Milgram**, nous connaissons les **potentiels d'influences de la blouse blanche.**

La maladie est une **situation dissonante** pour un patient, c'est un moment qui peut être lié à une **confusion émotionnelle**. Et dans ces variations, **la peur devient un des leviers les plus importants.** La peur de la souffrance, la peur de la mort, la peur des mots, la peur des conséquences.

Quand un médecin parle, il devient, dès lors, **un des meilleurs pratiquants d'hypnose** qui existent, sans nécessairement connaître les tenants et aboutissants du langage.

Le médecin **influence** la perception des choses, **oriente** les processus cognitifs des patients. Nous savons que **les aspects psychologiques ont une réelle importance** dans les processus de mieux être sans forcément parler de celui de 'guérison'.

Cette rencontre m'a donc mis dans **un bon état de colère.**

J'estimais que cela était indigne d'un médecin, mais plus encore d'un **hypnothérapeute**.

J'ai pris la décision de prendre rendez-vous chez l'oncologue, qui ne pouvait me recevoir que le 28 du mois suivant.

J'ai refait des examens, j'ai revu mon médecin **pour la dernière fois** quelques jours avant de voir l'urologue. Il ne m'a pas donné plus de réponses, et **je n'en attendais plus**.

Le spécialiste lui par contre a été **vraiment excellent.** Un médecin qui allait bientôt prendre sa retraite.

En entrant dans son cabinet, cela fut assez rapide, mais présenté proprement.

Il a regardé et puis avec une tumeur de 285 grammes, il a rapidement **convenu que c'était un cancer.**

Il me l'a présenté sans détour et était étonné que cela ne me dérange pas, ça l'a même fait sourire.

Comme il est **impossible de faire de biopsie**, la seule chose à faire dans ces cas là, c'est de retirer la tumeur ou plutôt de faire **une ablation**. A partir de là, j'ai pu voir la Machine médicale se mettre en place.

Chapitre 11 : L'enclenchement de la Machine médicale

J'ai été impressionné par ce monde et **la mécanique parfaitement huilée du corps médical**. Un monde qui nous '**soumet**' à ce que **les 'justes' médecins décident pour nous**. A ce moment là, je ne suis même plus sûr que nous soyons '**libres**'. La **liberté** de vivre ou de mourir, la liberté de suivre ou pas des protocoles, la liberté d'écouter... En réalité, il y a comme **une pression très forte**. Comme si ne pas aller dans le sens du courant allait nous porter préjudice. Je ne dis pas qu'il ne faut pas suivre, ma question est plutôt, **peut-on dans un état de peur et de fragilité, décider** avec la pression médicale et sociale/familiale ? J'ai été rappelé quelques heures plus tard **pour me donner** la date de l'opération et les coordonnés de l'anesthésiste. C'était l**e démarrage de cette locomotive,** que je devais suivre. Tout était prévu pour que l'intervention ait lieu deux semaines plus tard.

Pourtant, j'avais **une compétition** et comme j'aime prendre mes décisions, **j'ai décalé mon entrée en clinique d'une semaine**.

Apparemment cela n'a pas été très bien pris. Là encore, on m'a fait comprendre que **mon 'état' était urgent**. Ils utilisaient **des leviers de peur, de culpabilité,** en m'expliquant qu'ils faisaient au plus vite pour ma santé.

Ma rencontre avec l'anesthésiste a été très instructive.

Il a refusé que je fasse **l'opération sous hypnose**, mais semblait plus qu'intéressé. Il m'a expliqué que ça risquait de prendre du temps pour que des cliniques généralisent cette technique.

Pour bien **préparer l'opération,** j'ai mis en place des mp3 afin que l'opération se passe bien, que je sois bien, que je récupère vite... Ce fut un travail de préparation intéressant. C'est à ce moment-là que **j'ai diminué ma discipline quotidienne,** et que j'ai vu ma tumeur grossir un peu, j'en ai été étonné.

Chapitre 12 : L'opération

Je suis rentré à la clinique un dimanche au lendemain d'une compétition, je devais y rester jusqu'au Jeudi ou Vendredi.

Je trouvais que **venir la veille n'était pas nécessaire**, une perte de temps, en effet, il ne se passe rien de spécial, il n'y a pas de préparation, cela peut stresser le partenaire, après je comprends que l'administratif puisse avoir ses raisons.

Il y a un détail plutôt amusant, que je note parce que vous verrez que cela s'avérera un peu problématique, la clinique n'étant pas très loin de chez moi, **j'y suis allé en moto**.

Je ne voulais **déranger personne** alors je me suis dis que c'était plus simple.

Le lendemain dans la matinée, j'ai été opéré. Je me souviens que mon réveil a été particulièrement violent, je bougeais dans tous les sens, je sais que j'ai tapé un infirmier, en lui disant que c'était bon, je pouvais rentrer chez moi... je pense que **mon subconscient ne voulait pas rester.**

Je sais que le soir, je négociais **pour ne pas avoir d'anti douleur**. Là encore, une guerre avec le staff médical qui dit ne suivre que les indications.

J'expliquais que je gérais la douleur, mais l'infirmière ne voulait pas m'écouter.

Le lendemain matin vers 6 heures 30, le **médecin est passé** me voir pour savoir si tout allait bien.

Je lui ai dit que tout allait bien et que **j'allais rentrer chez moi.** Il a refusé au début, mais je n'étais pas d'humeur pour négocier.

Le détail que je n'avais pas prévu, c'était mes treize points de suture, je ne les avais pas testés.

Il est vrai que **j'ai du mettre une heure pour aller me doucher** et me vêtir, plus une autre bonne heure pour descendre régler ma sortie.

Et c'est là que je me suis mis à exploser de rire, en me rendant compte qu'il allait être **impossible de monter sur ma moto..** J'allais devoir marcher, pour rentrer chez moi. Christine m'avait proposé de venir me chercher, mais quitte **à être compulsif autant l'être** jusqu'au bout et comme un principe de challenge vis-à- vis de la douleur, **je suis rentré à pied.**

C'était long, mais une **forme de satisfaction pour moi.**

Si je pouvais, moins de 24 heures après mon opération, marcher, cela était **bon signe.**

De plus deux jours plus tard je devais être capable de donner **un week-end de cours** pour mes apprenants.

Christine est passée plus tard dans la matinée pour m'apporter quelques provisions, c'était **vraiment cool de sa part.** Maintenant j'attendais les résultats pour savoir quel type de cancer c'était.

Chapitre 13 : Les Résultats

Le Jeudi, avec HnO, nous avons pour habitude de papoter hypnose et d'aller faire de **l'hypnose urbaine.**

Après une journée de repos, je suis passé à la place des Vosges pour échanger et me détendre. Je pouvais monter sur ma moto, donc je pouvais me déplacer.

Vous ne pouvez pas imaginer **la satisfaction** que j'ai eue suite à cette annonce.

Il a été amusant de l'entendre me dire que l'intervention était nécessaire même si le cancer était nécrosé. A ma question de savoir ce qui avait pu le nécroser, **il n'avait pas de réponse.**

Les mois de travail personnel semblaient avoir porté leurs fruits, non pas en diminuant la tumeur mais **en la nécrosant.** C'est la façon dont mon **subconscient voyait une solution**.

Tout ne s'arrête pas là. Je pensais que j'en avais fini. Seulement, c'était le passage à une nouvelle étape. Et le monde médical allait encore mettre **sa machine infantilisante en place.**

Chapitre 14 : Ah, il y a une suite ?

Je pense que **je n'avais pas vraiment écouté le médecin** lorsqu'il m'avait expliqué les processus des malades du cancer. Le lundi qui a suivi j'ai reçu un appel du cabinet d'un oncologue, collègue de mon urologue, spécialiste dans **les suivis.**

L'appel était **pour me donner** une date de rendez-vous pour la suite des opérations. Vous imaginez que **je n'avais même plus à faire la moindre démarche.** Par conséquent, **j'ai refusé.** Je n'apprécie pas que l'on m'impose des choses. Je ne vais pas dire que c'est une compulsion... on va dire qu'en Analyse Transactionnelle, je suis **plutôt du genre enfant rebelle.** Imaginez-vous la vie de mes parents...

Quelques jours plus tard, j'ai appelé pour poser moi même un rendez-vous. Je vous laisse imaginer les salles d'attente chez les oncologues. C'est **très instructif d'un point de vue sémantique.** Les personnes sont pour **la plupart affaiblies,** en chimio ou en radiothérapie. Ils sont accompagnés et parlent beaucoup. La **peur de la mort** est palpable dans chacun des mots.

Ce qui m'a le plus impressionné, outre le fait qu'un oncologue a toujours une heure de retard, c'est **l'absolue croyance** que toutes ces personnes mettent dans les médecins.

Ils répètent les mots qui ont été dits, **ils attendent des réponses et des solutions**. Il y a une forme de **dépendance importante**.

Quand j'ai eu ma première consultation, j'avoue que **je ne savais pas à quoi ça allait servir.** L'oncologue était très froid, un professionnel, rien à dire.

Il connaît bien son boulot. Après quelques échanges, il me parle de **chimiothérapie.**

Je pense que j'avais dû faire **une belle hallucination négative.** Et ne pas entendre ce mot, un **bon déni**, certainement. Donc, il m'explique que la **chimio préventive** est importante pour éviter que des cellules malades ne me redonnent un autre cancer. Bien que **la tumeur ait été nécrosée**, il n'y avait pas d'assurance que d'autres cellules ne soient pas atteintes.

Je ne sais plus si c'est à ce rendez-vous où au suivant que j'ai refusé la chimio.

Et il s'est passé une chose qui m'a mis en colère, vous remarquerez que j'ai encore **un gros boulot à faire sur la colère**, j'y travaille mais ça semble plus long à traiter qu'un cancer.

Le médecin lors de mon refus, m'a présenté **des statistiques, sur les dangers de ne pas faire de chimiothérapie.** Les risques de récidives, les problèmes que cela peut causer, la possibilité de mourir.

J'ai trouvé ça... **génial.** Je me disais que les personnes qui écoutent les médecins doivent rapidement **changer d'avis** avec de telles statistiques, avec cette vérité mathématique de la mort. Si on reprend la communication hypnotique, le **rapport d'autorité avec le levier mort** est extrêmement puissant. Et la machine médicale ne nous proposant rien, mais **imposant**, les interventions, les rendez-vous, les protocoles, il est difficile de '**prendre sa vie en main'.**

Par contre, quand un patient (en l'occurrence moi) décide de ne pas suivre les protocoles, alors là, on sent que **le grain de sable n'est pas le bienvenu dans la machine.** Encore une fois, si vous êtes malade suivez les directives médicales.

J'ai vu mon oncologue commencer par ne pas savoir quoi me dire, et surtout **ne pas savoir quel processus mettre en place.** Avec beaucoup d'honnêteté et c'est, je pense, une des choses que j'aime chez certains d'entre eux.

Il a dû aller chercher dans les **protocoles européens**, et après avoir étudié la question, il m'a parlé de **récurage** (je ne sais pas ce que c'est mais, j'avoue que je ne suis pas fan des interventions) et de suivi.

Autant être clair, il n'avait jamais fait de suivi et **ne savait pas du tout comment faire.** C'est une preuve qui est intéressante, qui indique que les patients ne refusent que très rarement **l'inertie de la machine.**

Ce qui est pour beaucoup une bonne chose pour guérir la maladie.

Mais avant cela, il a fait **un seeding de doute**, en me disant que j'avais de fortes chances de retomber malade sous les deux ans, et qu'il faudrait tout de même faire un PET scan.

J'ai accepté et j'ai fait tous les examens complémentaires, pour enfin **commencer mon suivi.**

Pour les passionnées de PNL et d'hypnose indirecte, il y a une chose intéressante que j'ai mise en place avec mon médecin.

Je dois avouer que **je suis un patient 'chiant'**, et que j'imagine que mon énergie pendant les rencontres ne me montrait pas sous un aspect très ouvert. Puis, comme je me suis dit que je n'avais pas à être désagréable avec un homme qui faisait bien son boulot, **j'ai changé ma façon d'être.** J'ai repris **les principes de PNL,** sur le rapport et surtout afin d'observer toutes **les micro expressions**, pour y répondre. Cela a été significatif, durant la session de retour d'un de mes scanners. Il a commencé à rire et je l'ai fait parler de son travail, de la façon dont il est devenu oncologue.

J'ai appris ainsi de nombreuses choses, notamment qu'il faisait des consultations parce qu'à l'inverse de ses confrères, **il adorait le contact humain**, et qu'il considérait l'humain. Je peux vous dire que cela a été un révélateur.

La façon de faire maladroite de nombreux médecins, leur vient d'un réel **manque de 'connaissances'** à ce niveau là.

Le facteur de rapport pour la communication est passé à un facteur de **rapport technique.** Ils souhaitent faire passer un message, et pour ce faire, l'émotionnel et la gestion de ce dernier sont **complexes à gérer.**

Chapitre 15 : Le cancer et les autres

Voilà un chapitre qui a beaucoup d'importance pour moi. **Je n'ai pas parlé de mon Cancer**. Je pense qu'outre le fait que **je ne dois pas être faible** (compulsion inside), j'ai une croyance que les gens que l'on aime ne doivent **pas être affectés par nos problèmes**.

Ma famille n'était pas au courant et de mes amis, à part Christine, **personne ne le savait**. J'ai remarqué que le mot 'cancer' mettait les gens dans **un état de peur et de malaise**. Soyons sincère, j'adore le faire pendant des conversations. Voir les réactions, les rétractations corporelles et cette **sensation d'impuissance**.

C'est pour cette impuissance que je pense qu'**il n'était pas nécessaire d'en parler**. Que voulez-vous que **vos proches fassent quand vous êtes malade** ?

Je suis le **seul à vivre la maladie et personne ne peut savoir** ou ressentir ce qui se passe dans le corps ou la tête. On dit que la présence et l'amour de ses proches est important pour gérer une maladie. Seulement, il est difficile pour une personne de l'extérieur de **'mesurer' sa présence et ses actes d'amour**. Je sais que si j'en avais parlé à mes parents, j'aurai vu ma mère débouler **avec tout l'amour du monde dans ses bagages,** et mon père également. Comme vous avez pu le lire, je passais **mes journée normalement,** je travaillais sur moi, sur mes partenaires, j'allais m'entraîner.

Beaucoup de personnes qui aiment les leurs ne se rendent pas compte qu'ils peuvent devenir **étouffants.**

Je me dis que nos proches, ceux que l'on aime, on les veut heureux, on veut qu'ils puissent évoluer tranquillement dans leurs vies.

Avec mes parents, j'estime (à tort j'imagine) qu'ils ont déjà fait un boulot génial avec moi et qu'ils n'ont **plus à stresser et s'oublier** pour leur fils. C'est du projectif, je le sais bien, mais être adulte pour moi c'est apprendre à gérer mes problèmes, seul.

La maladie construit de **l'anxiété,** que le malade doit gérer, mais les proches **en vivent également.** Ces derniers spéculent, s'agitent pour donner du bien, mais à mes yeux **on leur fait du mal.**

Si j'avais parlé de ma maladie, je pouvais rendre malade ceux qui l'auraient su.

C'est un principe des **chocs traumatiques** qui sont comme des **ruptures de patterns** et offrent au subconscient une façon de s'exprimer parfois **en déclenchant la maladie.**

Alors je n'ai rien dit. Certaines personnes m'ont demandé **si c'était difficile de ne rien dire.**

Projetant que je devais en souffrir, mais en réalité, **j'étais content de mon expérience**, heureux de pouvoir vraiment voir, **sans limites morales ou sociales,** si ce qui me passionne, ce qui prend chaque seconde de ma vie depuis des années, **pouvait fonctionner.**

Une **grande expérience de vie.**

Certainement plutôt paisible comparée à des cancers plus virulents. Est-ce que vous pourriez vous imaginer que votre ami, ou votre fils vous disent : **Ne t'en fais pas, je gère**, j'ai des techniques psycho énergétiques à tester sur moi...

Pensez-vous que vous l'auriez laissé faire ? Si vous aimez une personne, est-ce que vous accepteriez qu'elle fasse des tests sur elle-même ?

Chapitre 16 : Et depuis

Aujourd'hui, **deux ans se sont écoulés depuis l'opération,** je suis encore en suivi, et apparemment tout va bien. En revanche, mon corps et mes hormones sont passées au plan B.

Et oui, comme je le dis souvent à mes partenaires et mes apprenants, nous sommes extraordinaires pour **passer à d'autres étapes.** J'ai la conviction que lorsque **nous avons ouvert la boîte de pandore de l'esprit,** nous allons continuer toute notre vie.

C'est la métaphore **des strates de l'oignon,** quand nous entrons dans le monde de la **recherche intérieure,** nous entrons dans un chemin long et peut être qu'il est interminable. Quand on enlève une couche, il y en a une en dessous.

Parfois nous arrêtons de retirer les couches, **nous en avons assez de pleurer.** Parfois nous continuons. Pour ma part, même si je suis un peu fatigué de toujours aller chercher plus loin, je sais que **je ne suis pas encore assez à l'écoute,** que **je ne suis pas encore dans le vrai et le juste.**

Et mon corps me le rappelle, parce que certainement que mon subconscient sature de le me répéter et que je n'arrête pas de lui trouver des nouvelles techniques, plutôt que de simplement l'**accepter comme il est.** Outre le fait que **les hormones s'excitent un peu,** mon corps, lui, a décidé de **prendre du poids.**

Ce n'est pas lié uniquement aux hormones, il faut bien voir que le poids est **un excellent protecteur** quand on dit au subconscient que sur les 2 à 5 ans on peut mourir. De plus, 2 mois après, j'ai fait l'erreur de combattre un gars de 70 kg de plus que moi qui m'a **abîmé les cervicales.** Comme je fais beaucoup de combats sans limites de poids, mon subconscient m'a dit : 'Allez petit gars, **on en remet une couche...**' Je travaille tous les jours sur **différentes problématiques** qui, à mon avis, ne sont pas forcément plus tendres que celles sur lesquelles je me suis posé pendant mon cancer. Et avec un peu de recul, je pense que c'est **encore plus délicat sans des symptômes marquants.** Mon boulot quotidien est **toujours intense,** comme je le disais à des amis qui connaissent l'Ennéagramme, plus je bosse sur moi et plus je suis compulsif.

Je me demande si parfois le **travail sur soi n'apporte que du bon.**

C'est passionnant, seulement nous découvrons de nombreuses ombres et cette obscurité **peut nous dévorer.**

Il y a sur ce chemin de **belles vagues lumineuses** et c'est agréable de **s'y perdre**, ne sachant jamais si je m'illusionne dans un apaisement ou si je suis sur un chemin d'évolution.

Conclusion

Comme je l'ai exprimé dans d'autres essais, **la thérapie est une quête**. C'est un peu le chemin que prenait l'Alchimiste ou le Petit Prince. Nous sommes **dans une recherche,** celle d'un équilibre, de justesse et de vérité.

J'arpente cette voie et parfois, des choses plus lourdes que d'autres viennent **se mettre en travers**. Juste pour permettre de prendre **un temps** afin de mieux comprendre qui nous sommes et ce dont **nous sommes capables.**

Voilà donc quelques réflexions sur un praticien qui observe avec amusement les expériences qu'il s'impose.

Dans cette **envie de 'savoir', de trouver plus de 'réel' et de 'vrai'.** Je ne dis pas que je n'aurai pas d'autres maladies, ni même d'autres déséquilibres. Je ne dis pas que ce que j'ai fait une fois, re-fonctionnerait.

Ce que je peux dire c'est que **la discipline et les méthodes hypnotiques** apportent des retours positifs, dans mon cas une nécrose de la tumeur. Cela permet de calmer les douleurs, la température et le mal être.

L'auto analyse et les travaux d'auto hypnose apportent des compréhensions, une façon de lâcher de nombreuses névroses. L'hypnose une discipline merveilleuse. A nous de l'utiliser pour réussir à aider les personnes qui ont mal.

Je **remercie toutes les personnes** que j'ai pu croiser sur mon chemin pendant cette période. Je sais que j'ai été dur avec certains et pas nécessairement agréable. Maintenant, j'aimerai vraiment aider les personnes qui souffrent de cancer, et en tout cas leur permettre un petit mieux...

Be One

Pank (Février 2015)

Qui est HnO (Hype-N-Ose) ?

Hype-N-Ose (HnO) est une association de pratiquants et de praticiens en Hypnose à tendance Elmanienne, Hypnososphie et Thérapies Brèves.

Notre but est de rechercher, développer, pratiquer et diffuser sur ces sujets.

Pour ce faire, nous utilisons plusieurs leviers : des formations, des cabinets ouverts, de l'Hypnose Urbaine, des livres, des audios...

Nous organisons des formations en Hypnose Classique Curative ainsi que des ateliers en thérapies brèves.

L'Hypnose Classique Curative est une discipline de synthèse et intégrative. L'hypnose est un vaste monde avec des écoles, des styles et des tendances.

Plus qu'un style, nous souhaitons intégrer, sur les bases communes de l'hypnose, une ouverture globale.

Nous organisons des cabinets ouverts, dans le but de faire découvrir l'aspect curatif au plus grand nombre.

Toutes les semaines nous organisons des sorties « Hypnose Urbaine ». Nous y invitons des praticiens mais aussi des amateurs.

Le but étant de faire connaître, dans un autre contexte que le soin, ce qu'est l'Hypnose.

Cette expérience humaine est extraordinaire. Nous pouvons dissiper les à priori et faire vivre des expériences agréables aux passants.

Vous pouvez trouver plus d'informations sur ce que nous mettons en place sur : www.hno-hypnose.com

Nous avons mis en place un site de Mp3 d'Hypnose pour faire vivre des micros séances. Vous trouverez des informations sur :www.hno-mp3-hypnose.com

Si vous souhaitez nous rencontrer, échanger, partager, n'hésitez pas à nous contacter :
Mail : hype.ose@gmail.com
YouTube / Twitter / Facebook : Hype-N-Ose

Formations HnO Hypnose

Vous pouvez retrouver de nombreuses formations GRATUITES Online :

Apprendre l'Hypnose et les Concepts de Base :
https://apprendre-hypnose.org/

Apprendre la Programmation Neuro-Linguistique :
http://apprendre-la-pnl.fr/

Apprendre l'Auto Hypnose :
http://www.apprendre-auto-hypnose.fr/

Se Former en Hypnose Spirituelle :
https://formation-hypnose-spirituelle.co/

Apprendre le Magnétisme :
http://www.apprendre-le-magnetisme.fr/

Vous pouvez également retrouver quotidiennement des vidéos sur l'Hypnose/Hypnosophie, le coaching et les psycho-pratiques sur :
https://laboratoire-hypnose.com/

Et apprendre à gérer vos douleurs :
http://hypnose-douleur.jimdo.com/

Vous retrouverez également de nombreuses formations présentielles :

Formation en PsychoPratique Intégrative (PPI) et Hypnosophie :
https://goo.gl/kjwE64

Formation en Hypnose H-Ultra (Hypnose Profonde) :
https://goo.gl/MMUlWB

Formation en Hypnose Panko-Elmanienne :
https://goo.gl/crSyj7

Formation en Hyperempiria :
https://goo.gl/c3xful

Formation en Hypnose Urbaine :
https://goo.gl/SGyVVJ

Toutes les informations sont disponibles sur www.hno-hypnose.com

Du même Auteur Chez HnO Edition

Initiation à l'Hypnose Classique Curative

Vous êtes tous des hypnotiseurs depuis votre naissance. Que ce soit dans vos relations familiales, amoureuses... Nous sommes constamment dans des rapports hypnotiques. Ce superbe outil n'est pas la panacée de certains "élus". Vous êtes capables de comprendre et d'appliquer l'hypnose au quotidien dans votre vie, très rapidement. Ce livre vous présente un autre chemin de découverte et de compréhension de ce qu'est l'hypnose.

Méthode d'Auto Hypnose

L'Auto Hypnose est un outil puissant qui est à la portée de tous. Vous êtes possesseur d'une capacité exceptionnelle pour changer votre vie et atteindre vos objectifs. Mettez en place votre programme personnel pour devenir acteur de votre vie. L'Hypnose VOUS appartient.

Hypnose et Régressions

Depuis l'émergence des méthodes issues du Nouvel Age, les méthodes et protocoles se sont développés pour faire découvrir les vies antérieures.

Le monde de l'Hypnose a également mis en place des techniques de régressions dans l'optique de découvrir l'origine de comportements pour leurs consultants.

Il faut l'admettre, pour de nombreuses personnes, cela

relève de la sorcellerie et autres pensées "païennes", dans l'expression moderne de la science. Dans le cadre de l'Hypnose et de nombreuses thérapies brèves, il est courant que le praticien en vienne à travailler sur cet aspect. Cette démarche est rarement 'métaphysique' et la recherche est plutôt de laisser le subconscient, qui enregistre tout depuis notre naissance, retrouver des éléments importants d'un traumatisme.

Initiation à l'Hypnose Urbaine

Cet ouvrage a pour but de vous faire découvrir une facette de l'hypnose qui n'est pas mise en avant dans nos médias.

L'Hypnose Urbaine, une hypnose qui va au contact des passants dans la rue...

L'ésotérisme décrypté par l'Hypnose

Ne vous êtes-vous jamais demandé comment les médiums et les magnétiseurs font ? Est-ce que c'est une réalité ? Comment pourrait-on expliquer cela ?
Dans ce livre vous verrez une explication 'possible' des phénomènes, expliquée par le filtre de l'Hypnose.

Hypnose avec les Enfants

Les enfants ont aussi leurs troubles et problèmes.

L'Hypnose est un outil extraordinaire pour leur permettre de transformer leurs maux dans une dynamique ludique.

Mieux éduquer ses enfants grâce aux outils de l'Hypnose

Les parents se demandent souvent comment faire mieux dans l'éducation de leurs enfants.
Les disciplines de développement personnel, travaillant sur l'unité du conscient et du subconscient, permettent de trouver des outils simples à mettre en place pour mieux communiquer, mieux comprendre et aider ses enfants.

Vous trouverez dans cet ouvrage des techniques issues de différents courants qui pourront transformer votre façon d'aborder vos enfants et les aider à se sentir mieux dans la vie.

CrossTherapy

Si ce monde n'était qu'une succession de Transes. Cet état de connexion entre diverses parties de nous. Si comme l'expriment de nombreuses civilisations nous étions dans un sommeil.

Une Transe qui nous empêche de nous éveiller comme il le faudrait. Et s'il suffisait de trouver la voie qui ferait muer notre être.
La CrossTherapy est un Système qui se base sur les Transes et leurs capacités infinies pour nous faire avancer, évoluer et comprendre.

Au travers de ce premier volume, vous y découvrirez le concept initial. La base de cette façon d'aborder l'aide à la personne.

Prendre ce qui semble le plus juste et mettre de côté ce qui ne l'est pas. Non pour le praticien, mais pour le client qui pourra apprendre de ses propres possibilités.

Hypnose H-Ultra Ou Hypnose Profonde

L'Hypnose H-Ultra est une hypnose particulièrement profonde, que l'on retrouve plus spécifiquement dans l'Hypnose Elmanienne. Pouvoir entraîner ses partenaires ou clients dans un niveau de transe au delà du Somnambulisme hypnotique.

Il est alors possible d'obtenir des résultats extraordinaires, en offrant dans ce contact unique avec le subconscient, une prise de responsabilité pour son propre mieux être.

Dans cet ouvrage vous découvrirez comment entraîner vos clients : - En Niveau Esdaile - En Niveau Abysse - En Niveau Évolution Découvrez cet outil supplémentaire pour vos séances.

Laboratoire Hypnose Volume 1

Le Laboratoire Hypnose est le lieu de réflexions dans lequel Pank vous invite à partager ses recherches sur le monde des Thérapies Complémentaires.

Vous retrouverez dans cet ouvrage une synthèse des sujets traités régulièrement par l'auteur : - Réflexions sur les Fondements de L'Hypnose - Réflexions sur Nous,

Thérapeutes. - Réflexions Diverses - L'Hypnose H-Ultra ou l'Hypnose Profonde - L'Hypnose et L'Ennéagramme Laissez-vous porter dans ces partages

CT Energetics : Magnétisme et Transes

En CrossTherapy, la partie qui touche tout ce qui est magnétisme et transe porte le nom de CT Energetics.
Nous avons tous le potentiel d'apaiser les maux et les douleurs avec nos mains et notre intention.
Dans cet ouvrage vous découvrirez des systèmes très simples comme les Points Cosmos ou le Contact Connexion Touching qui vous permettront en quelques minutes d'apprentissage, d'obtenir des résultats surprenants.
Vous comprendrez comment vos transes et celles de vos partenaires sont des points merveilleux pour utiliser ce qui se cachent en chacun de nous.

Chercheur sur la Loi d'Attraction

La loi de l'attraction est aujourd'hui un outil supplémentaire dans le développement personnel. Elle offre une meilleure façon de communiquer. Avec soi-même et avec l'univers.

Cet ouvrage vous propose les réflexions et exercices d'un chercheur qui navigue sur cette route aux milles facettes.
Un monde de lois et d'interprétations infinies, pour trouver au plus profond de soi cette force pour faire de notre vie, celle que nous souhaitons réellement

Hypnose et Hypnosophie

Sur le chemin que je parcours dans cette discipline, je constate que très souvent nous avons mis en place des axiomes. Ces axiomes sont immuables, il est difficile de changer les idées, les définitions, les concepts.

En parcourant la littérature du 19e et du début du 20e siècle sur l'hypnose, j'ai constaté que nous avions des définitions et des expériences bien différentes de ce que nous pouvons lire sur des réflexions des 50 dernières années.

Il y a eu une phase d'évolution, puis nous laissons actuellement le relais aux neurosciences, desquelles nous attendons les réponses, nous sommes en train de laisser la psyché à des capteurs...Je vous proposerai différentes réflexions dans les pages qui vont suivre, cette hypnose devenant pour moi, l'hypnosophie, une méthode utilisant la transe pour retrouver la sagesse et l'harmonie intérieure lors d'une thérapie

Hypnose et Posture du Praticien

Nous avons la chance de pratiquer une discipline qui offre de nombreuses clefs à la fois pour les praticiens et pour les partenaires.

Nous savons que le contact que nous mettons en place pour les séances va particulièrement influencer les séances. Mais quel est notre posture pendant ses sessions ?

Comment gérer les différentes projections que les partenaires font sur le praticien et inversement comment le praticien gère ses émotions et le reflet que la partenaire peut lui éveiller.

Cet essai a pour but de proposer une posture que nous pouvons mettre en place avec nos partenaires, Vous y verrez des techniques comme le 50-50, la force de la question pour se repositionner
Un guide pour optimiser encore vos séances dans une posture plus juste avec vos partenaires.

Hypnose et la Pre-test Therapie

La Pré-Test Thérapie (PTT) est une approche que j'ai beaucoup mise en place dans le cadre de la rue, dans un premier temps grâce à l'influence de la thérapie des parties.

La PTT offre, pour moi, une façon de travailler de manière plus légère avec nos partenaires en permettant deux choses : D'une part, une prise de conscience que le subconscient et le corps peuvent avoir des réponses que le conscient n'accepte pas. Par conséquent, cela offre au praticien une porte d'entrée pour un travail sur la prise de conscience de la problématique de fond.

D'autre part, une preuve de sa transe, de la capacité du subconscient et sa propre capacité pour vivre des séances en Hypnose. Cet aspect est vraiment intéressant avec des partenaires qui mettent en place de nombreux mécanismes d'auto sabotage, notamment avec le leitmotiv : 'Je n'étais pas en Hypnose, ça ne marche pas sur moi.'

Base de PNL Interpersonnelle

La Programmation Neuro Linguistique est un outil performant dans la dynamique sociale . Connaître les techniques de PnL permet de mieux communiquer et atteindre nos objectifs relationnels plus facilement. Cet ouvrage présente quelques outils simples dans le cadre de la communication interpersonnelle.

Base de la PnL Coaching

Vous trouverez dans ce livret des outils efficaces et vous parviendrez à avancer rapidement pour atteindre vos objectifs.
La Programmation Neuro Linguistique est reconnue depuis des décennies pour la qualité de ses enseignements.
Découvrez vos pouvoirs illimités.

Disponible sur Amazon et Lulu